BEI GRIN MACHT SICH IHR WISSEN BEZAHLT

- Wir veröffentlichen Ihre Hausarbeit,
  Bachelor- und Masterarbeit

- Ihr eigenes eBook und Buch -
  weltweit in allen wichtigen Shops

- Verdienen Sie an jedem Verkauf

Jetzt bei www.GRIN.com hochladen
und kostenlos publizieren

Strategische Unternehmensführung. Beispiel eines Unternehmens der Gesundheitsbranche

Carla Schillings

Bibliografische Information der Deutschen Nationalbibliothek:

Die Deutsche Nationalbibliothek verzeichnet diese Publikation in der Deutschen Nationalbibliografie; detaillierte bibliografische Daten sind im Internet über http://dnb.d-nb.de abrufbar.

ISBN: 9783346500434
Dieses Buch ist auch als E-Book erhältlich.

© GRIN Publishing GmbH
Nymphenburger Straße 86
80636 München

Druck und Bindung: Books on Demand GmbH, Norderstedt Germany
Gedruckt auf säurefreiem Papier aus verantwortungsvollen Quellen

Das Buch bei GRIN: https://www.grin.com/document/1132205

Deutsche Hochschule für
Prävention und Gesundheitsmanagement

Einsendeaufgabe

Master Prävention und Gesundheitsmanagement

Schillings, Carla

Sommersemester 2020

Inhaltsverzeichnis

1 Bodo Müllers Plan

1.1 Gründe für Wandel

Die Gründe für den Wandel der Marketingstrategie von Bodo Müller, der Marketing Direktor der Abteilung Vertrieb, basieren auf dem Wandel des deutschen Gesundheitswesens. Dieses hat sich in den letzten Jahren stark verändert.

Die drei folgenden Gründe für einen Strategiewandel liegen in externen Begründungen. Deutschland ist mit 9,9% nach den USA der zweitgrößte Markt für Medizintechnologien (Bundesverband Medizintechnologien, 2020, S. 7). Da sich viele große Anbieter auf dem deutschen Markt befinden, ist der Wettbewerb in Deutschland groß.

Die Bundesländer sind jedoch der Pflicht der Investitionsfinanzierung immer weniger nachgekommen. Während die Investitionsfinanzierung sinkt, steigen die Kosten der Krankenhausausgaben für neue medizinische Geräte. Eine Umstrukturierung herrscht in den Krankenhäusern. Zunächst werden nicht unbedingt neue medizinische Geräte angeschafft, sondern eher die bestehenden Geräte instandgehalten.

Müssen doch neue medizinische Geräte angeschafft werden, liegt dies nicht mehr bei den Krankenhausärzten, sondern bei der Krankenhausadministration und unter Anderem dem C-Level oder der Einkaufsabteilung des Krankenhauses. An dieser Stelle setzt der Strategiewandel von Bodo Müller ein und eine Produktlinie soll in der Gesundheits- und Medizin AG entstehen.

1.2 Aspekte des Strategiewandels

In erster Linie wird die Marketingstrategie überarbeitet. Um den Strategiewandel zu ermöglichen werden die folgenden Aspekte mithilfe des Change-Managements organisiert:

1. Aus den sieben Unternehmenseinheiten und den sieben Marketing Vizepräsidenten (VP) wird eine Einheit entstehen. Dies bedeutet, dass eine Produktlinie entsteht. Um das Vorhaben durchführen zu können, müssen zunächst die VPs sensibilisiert werden.

2. Es steht ein an Wandel an, der das Marketing von technologie- und ingenieurorientiertem Marketing zu ganzheitlichen Lösungen führt. Die Veränderung führt zu einer Marketingstrategie, die sich an dem C-Level orientiert.

3. Ein neues geschäftsübergreifendes Projekt soll daraus entstehen, welches mit Hilfe einer Arbeitsgruppe ein neues, angepasstes Marketing erarbeitet.

1.3 Barrieren und Widerstände

Mögliche Widerstände können seitens der Mitarbeiter entstehen. Aufgrund einer Umstellung der einzelnen Unternehmensebenen kann eine Umverteilung von Macht entstehen, die die Mitarbeiter verunsichern. Die Degradierung oder Verengung des Verantwortungsbereichs ist ein Grund für Angst vor Einfluss- und Statusverlust und somit eine mangelnde Veränderungsbereitschaft (Lauer, 2014, S. 55 zitiert nach Capgemini, 2012, S. 39). Um das Gefühl von Verunsicherung oder der Angst vor einem Statusverlust entgegen zu wirken, muss Bodo Müller offen kommunizieren, dass, auch wenn es eine Umverteilung gibt, der Status beibehalten wird oder sogar erhöht werden kann. So kann eine Motivation seitens der Mitarbeiter gefördert werden.

Auch die Lustlosigkeit kann einen Widerstand darstellen. Dies wird mit Passivität und einer nonverbalen Ausdrucksform ausgedrückt. Unaufmerksamkeit, Müdigkeit oder das Fernbleiben zeigt, dass Akzeptanzprobleme vorliegen (Lauer, 2014, S. 53). Um dieses Verhalten zu verhindern, kann von vornherein mit einem Belohnungssystem argumentiert werden. So tritt Passivität und die damit einhergehenden Akzeptanzprobleme nicht in dem benannten Maße auf.

Eine Barriere kann das Budget darstellen. Das Unternehmen arbeitet bereits mit großen wirtschaftlichen Erfolgen. Aus diesem Grund ist die Dringlichkeit einer Veränderung zu diesem Zeitpunkt nicht gegeben. Die VPs sehen nicht ein, das Budget umzulegen auf einen anderen Bereich. Eine Finanzplanung kann die VPs überzeugen, dass das Budget umgelegt werden sollte. Ein Vergleich der Finanzen beider Strategien sollte hier ausgearbeitet und aufgeführt werden, um den Vorteil für das Unternehmen herauszuarbeiten.

Auch die Anbringung, dass andere Themen momentan Vorrang hätten, ist eine Barriere bzw. ein Widerstand der Mitarbeiter. Dies fällt unter die Erscheinungsform des Widerstands „Widerspruch". Es kommt zu einem direkten verbalen Widerstand, der im Sinne einer sachbezogenen Gegenargumentation angebracht wird (Lauer, 2014, S. 53). An dieser Stelle sollten alle Widerstände aufgenommen und bearbeitet werden. In einer erneuten Versammlung werden alle Widersprüche und deren Lösung aufgeführt.

2   Change Management

2.1   Gründe für Scheitern

Tab. 1: Vier Gründe für das Scheitern (modifiziert nach Reisinger et al, 2013, S. 190)

Zu viel Selbstgefälligkeit	Mangelnde Kommunikation der Vision	Zulassen, dass Hindernisse die neue Vision blockieren	Zu früh den Sieg erklärt
Das Unternehmen war in der Vergangenheit bereits sehr erfolgreich. Umso weniger sehen die VPs die Dringlichkeit der neuen Marketingstrategie.	Die Vision wurde im Unternehmen zu wenig von den VPs kommuniziert. Dies hatte zur Folge, dass das Misstrauen der Mitarbeiter weitergewachsen ist.	Das größte Hindernis für die Umsetzung der Marketingstrategie ist, die Kostensenkungsinitiative und die Kürzung des Marketingbudgets.	Obwohl das Budget abgelehnt wurde, war Bodo Müller der Überzeugung, dass die VPs die entscheidende Marktherausforderung erkannt haben und nach Bodo Müllers Plan handeln.

2.2 Veränderungen meistern

Tab. 2: Beschleuniger nach Kotter (modifiziert nach Reisinger et al., 2013, S. 190; Kotter, 1997)

1. Gefühl der Dringlichkeit wecken	Bodo Müller hätte in dem vierteljährigen Treffen die Dringlichkeit für das Unternehmen, aber auch für die Mitarbeiter deutlicher machen müssen. Er hätte mit den persönlichen Chancen und Risiken für die Mitarbeiter argumentieren müssen, die beispielsweise die Sicherung von Arbeitsplätzen und den Erfolg des Unternehmens sein können. Ein Appell, welches bei den Mitarbeitern Emotionen weckt. Die Mission „eine Verwirklichung von Ideen auf die es ankommt" muss durchgesetzt werden.
2. Zusammenstellung eines starken Leistungsteams	Da das Gefühl der Dringlichkeit nicht aufgetreten ist, konnten auch keine geeigneten Leistungsteams zusammengestellt werden. Sinnvoll wäre eine Cross-Funktionale Besetzung, die aus intrinsisch-motivierten Vertretern besteht. Zum einen sollten die Director Marketing USA und Japan, zum anderen die VPs der sieben Abteilungen freiwillig anwesend sein, um das Projekt anzutreiben. Gegenseitiges Vertrauen fördert die Effektivität und wird durch regelmäßige Treffen gestärkt. Die Führungskompetenzen der Leistungsteams bilden eine tragende Rolle, um das weitere Vorgehen zu meistern.
3. Entwicklung klarer Zielvorstellungen und einer Strategie für Veränderung	Das Leistungsteam erarbeitet Zielvorstellungen, um die Marketingstrategie zu implementieren. Mithilfe der Visionen und Missionen des Unternehmens kann die Zielvorstellung erarbeitet werden. Bodo Müller hätte mit den Visionen und Missionen des Unternehmens argumentieren können und eine Vision für die Veränderung auslegen können. Diese sollte vorstellbar, machbar, fokussiert, flexibel, erstrebenswert und vermittelbar sein.
4. Kommunikation der Vision und werben um Verständnis und Akzeptanz	Die entwickelte Vision muss Bodo Müller nun kommunizieren und die Akzeptanz der Mitarbeiter gewinnen. Die Mitarbeiter entwickeln Verständnis für die entwickelte Vision und engagieren sich. Damit sich die Botschaft verbreiten kann, muss diese über alle bestehenden Kommunikationskanäle propagiert werden. Durch die Verbreitung der Vision hätte Bodo Müller die VPs nutzen können, die als Promoter in jeder Abteilung als gutes Beispiel vorangehen. So wäre die Akzeptanz seitens aller Mitarbeiter größer gewesen und potenzielle Unterstützer könnten den Wandel vorantreiben.
5. Sichern von Handlungsfreiräumen und Befähigung der Mitarbeiter auf breiter Basis	Bodo Müller muss nicht nur die Akzeptanz der Belegschaft erreichen, sondern auch gewisse Hindernisse müssen aus dem Weg geräumt werden. Dazu müssen die innerbetrieblichen Strukturen und Systeme angepasst werden. Darunter fällt auch das Personalsystem. Der Informationsaustausch muss gegeben sein, um die Mitarbeiter auf breiter Basis zu befähigen. Das bedeutet, dass alle sieben Abteilungen und ihre VPs aktiv zusammenarbeiten müssen und Widerstände einzelner Mitarbeiter aus dem Weg zu räumen und gemeinsam Lösungen zu erarbeiten.
6. Für kurzfristige Erfolge sorgen	Bodo Müller hätte an dieser Stelle kurzfristig erreichbare Ziele anbringen können, damit der Wandel erfolgreich vorangetrieben werden kann. Das Erreichen der Ziele sind große Erfolge und diese müssen zelebriert werden, um die Teamfähigkeit sowie die Motivation der Mitarbeiter zu steigern. Dies setzt ein agiles Projektmanagement voraus.
7. Nicht nachlassen und weitere Veränderungen einbauen	An dieser Stelle ist Bodo Müllers Plan des Strategiewandels gescheitert. Er war sich zu sicher, dass alle VPs überzeugt von seiner Idee waren. Er hatte noch keinen Erfolg außer einige wenige überzeugte VPs, die jedoch weiterhin nicht über die Dringlichkeit des Vorhabens aufgeklärt worden sind. Die Idee von Bodo Müller verlor bei den VPs den Fokus. Er hätte weiterhin motiviert und transparent mit den VPs kommunizieren müssen. Er hat hier zu schnell gehandelt und die Führungskompetenzen überschätzt.
8. Entwicklung und Veränderung der neuen Kultur (Verhaltensweisen)	Die Implementierung des strategischen Wandels in die Gesundheits- und Medizin AG gelingt allein durch eine Adaption der Verhaltensweisen an die Unternehmenskultur. Um dies zu vertiefen sollten Bodo Müller und sein Projektteam die neuen Ansätze auf allen Ebenen kommunizieren.

3 Strategieimplementierung

3.1 Durchsetzung

„Bei der verhaltensorientierten Aufgabenstellung der Durchsetzung steht vor allem das Erreichen von Einstellungsakzeptanz der Mitarbeiter gegenüber der Strategie im Vordergrund" (Raps, 2002, S. 79). Hierbei steht besonders das Kennen, Verstehen, Können und Wollen der Strategie seitens der Mitarbeiter Im Vordergrund. Zunächst muss die Strategie vermittelt werden. Die Basis, um die Strategie in das Unternehmen zu implementieren, müssen alle Mitarbeiter die neue Strategie kennen und verstehen. Hierfür sollte Bodo Müller eine Versammlung einberufen, an der alle Mitarbeiter der Gesundheits- und Medizintechnik AG teilnehmen müssen. Die Vermittlung der Strategie hat das Ziel das Verständnis der Mitarbeiter zu gewinnen. Dies hat zur Folge, dass den Mitarbeitern deutlich gemacht werden muss, dass dieser Wandel der Marketingstrategie unumgänglich ist. Weiterhin werden zur Einweisung in die neue Strategie Schulungen geplant. Diese Schulungen finden auf verschiedenen Ebenen statt. Die VPs werden mit dem Director Marketing der USA und Japan geschult. Neben den Führungskräften werden die Mitarbeiter aus den jeweiligen Abteilungen geschult. Die Schulungen dienen der strategiebezogenen Qualifikationen der Mitarbeiter. Um weiterhin die Motivation und Leistungsfähigkeit der Mitarbeiter zu generieren, werden Fortbildungen eingebaut. Die Fortbildungen bestehen aus der Wissensvermittlung von Verkaufstechniken, dem Wandel des Gesundheitswesens und die in dem Zusammenhang stehenden medizinischen Produktinnovationen.
Die dritte Maßnahme für die Durchsetzung in der Strategieimplementierung beinhaltet die Schaffung eines strategiebezogenen Konsenses. Hierbei werden Vorgehensweisen festgelegt, um Konflikte zu lösen. Durch eine Veränderung der Hierarchieebenen bzw. der Abteilungen, können Unstimmigkeiten der VPs auftreten. Diese Konflikte sind Ziel-Verhaltens- oder Durchsetzungskonflikte (Welge & Al-Laham, 2012, S. 809). Für das Konfliktmanagement sollte beispielsweise aus der Personalabteilung ein Ansprechpartner oder ein Team geschult werden. Nur so können Konflikte objektiv und effektiv gelöst oder auch in neue Ideen umgesetzt werden. Die drei Durchsetzungsmaßnahmen bilden die Voraussetzungen für die folgende sachorientierte Umsetzung.

3.2 Umsetzung

Im Verlauf der Strategieimplementierung in der Gesundheits- und Medizintechnik AG nimmt die Umsetzung im Zeitablauf einen höheren Stellenwert ein und wird nach der Durchsetzung zum Implementierungsschwerpunkt. Hierzu werden im Folgenden drei Maßnahmen genannt zur Realisierung der sachbezogenen Aufgaben.

Zuerst wird mit den entstandenen Leistungsteams die Transformation geplant. Hierfür werden Zeitabläufe erstellt, mit denen auch das Erreichen kurzfristiger Ziele und dessen Datum festgehalten werden. Für diese Zeitplanung werden Verantwortliche der Leistungsteams auserwählt, die sich mit einem Teilbereich auseinandersetzen und dementsprechend Kosten- und Ressourcenabschätzungen erstellen. Die jeweiligen Aktionspläne werden nach Inhalt, Ausmaß, Zeit erstellt und darauffolgend nach Prioritäten geordnet.

Die zweite Maßnahme umfasst die Anpassung der Unternehmenspotenziale. Diese behandeln unter anderem die Veränderung der Organisationsstruktur der Unternehmenskultur und der Managementsysteme. Wie bereits genannt muss in diesem Zusammenhang die Matrixstruktur, die die aktuelle Organisation der Mitarbeiter veranschaulicht, überarbeitet werden. Denn aufgrund der neuen Marketingstrategie wird es zukünftig keine sieben Marketingabteilungen mit den jeweiligen VPs geben. Die Marketingabteilungen werden fusionieren. Die VPs und CEOs werden ihren Qualifikationen nach ausgewählt und zugeteilt. Ausschlaggebend für die Implementierung der Strategie in der Umsetzungsphase ist die „structure fellow strategy" von Alfred Chandler. Denn ein Unternehmen kann sich nur entwickeln, wenn gewachsene Strukturen mit den Prozessen der Neustrukturierung einhergehen (Haake & Seiler, 2012, S. 125).

Die dritte Aufgabe in der Umsetzungsphase ist die Motivierung und die Mobilisierung der Mitarbeiter. Da jeder Mitarbeiter in unterschiedlichen Geschwindigkeiten arbeitet, denkt und sich auf verschiedene Arten motivieren lässt, wird eine Taktik in der Gesundheits- und Medizintechnik AG eingeführt, die die Erfolgsquote aller Mitarbeiter erfüllt. Die Implementierungstaktik „Intervention" hat nach Raps (2004, S. 37) die höchste Erfolgsquote. Dazu wird ein verantwortliches Team zusammengestellt, die zwischen Kommunikation und Strategieumsetzung fungieren und für unmotivierte Mitarbeiter eine Hotline zur Verfügung stellen. Diese kann für Fragen, Probleme und einen Motivationsschub genutzt werden. Außerdem führt das Interventionsteam Workshops durch zur Motivierung und hält regelmäßige Zielgespräche ab.

4   Balanced Scorecard

Die Balanced Scorecard ist ein Managementsystem, welches „einen Handlungsrahmen für verschiedene Managementprozesse bildet, wie die Setzung von Zielen, die Kommunikation und Umsetzung von Strategien, die Planung und Budgetierung, die Gestaltung von Anzeizsystemen oder die Kontrolle" (Bamberger & Wrona, 2012b, S. 328). Um die vier Perspektiven der Balanced Scorecard herauszuarbeiten, wird noch einmal die Unternehmensversion der Gesundheits- und Medizintechnik AG aufgegriffen. Denn diese lautet: „In jedem Krankenhaus und in jeder Praxis steht ein Gerät von uns. Wir werden Marktführer in unsere Branche sein". Hierfür möchte Bodo Müller, der Marketing Director der AG die Marketingstrategie anpassen und einen Teil des Marketingbudgets in das C-Level Marketing zu investieren.

4.1 Ursache-Wirkungs-Kette

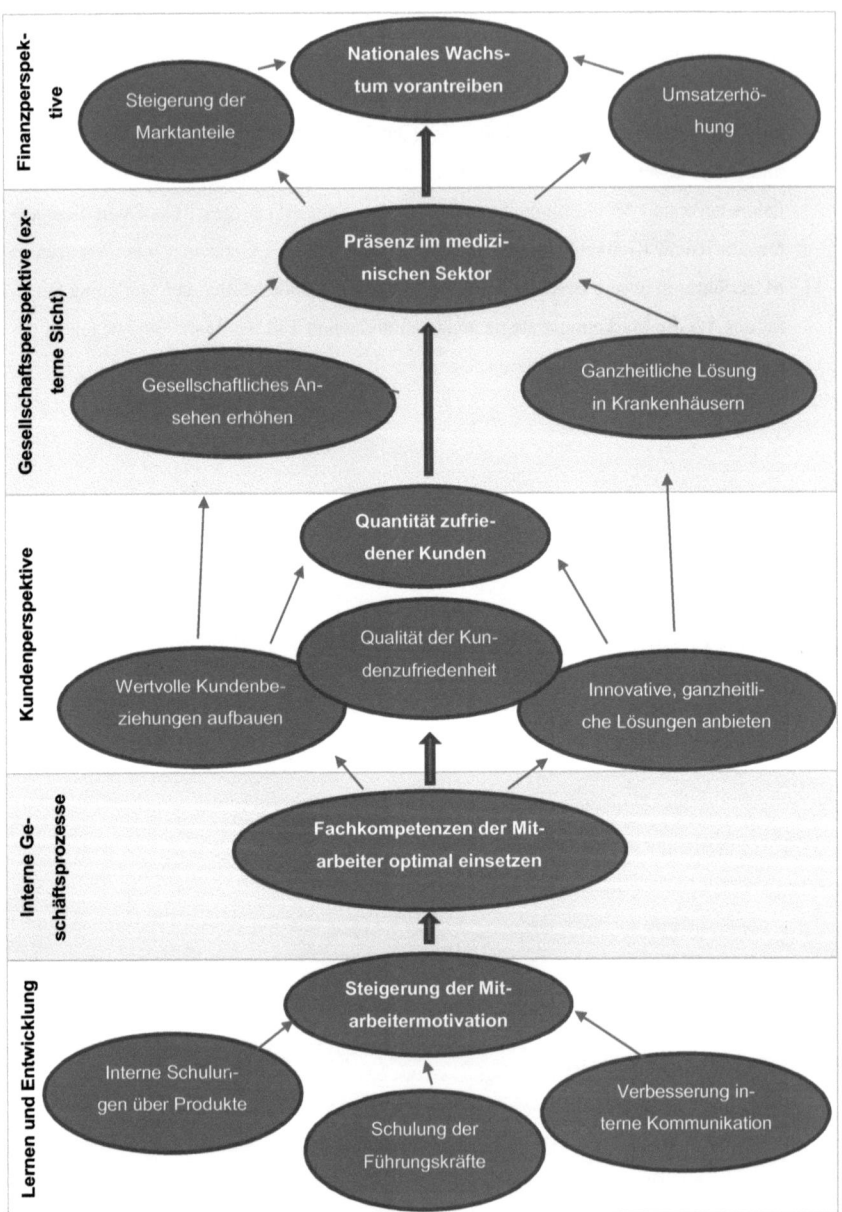

Abb. 1: Ursache-Wirkungs-Kette (eigene Darstellung)

4.2 Festlegung Ziele, Kennzahlen, Vorgaben und Maßnahmen

Um die einzelnen Perspektiven auszuarbeiten, werden Ziele, Kennzahlen, Vorgaben und Maßnahmen festgelegt.

Tab. 3: Zielkonkretisierung (eigene Darstellung)

Perspektive	Ziel	Kennzahl	Vorgabe	Maßnahme
Finanzperspektive	Nationales Wachstum vorantreiben	Marktanteile generieren	Erhöhung der Marktanteile um 50%	Mitbewerber des Segments aufkaufen/Fusionierung
Gesellschaftsperspektive	Präsenz im medizinischen Sektor	Anzahl von Weiterempfehlungen	10 Weiterempfehlung	Weiterempfehlungsmarketing
Kundenperspektive	Quantität zufriedener Kunden	Neukunden gewinnen	12 Neukunden	Marketingoffensive
Prozessperspektive	Kernkompetenzen der Mitarbeiter optimal einsetzen	Projektleistungsindex	Index	Definition der Kernkompetenzen der Mitarbeiter
Lern- und Entwicklungsperspektive	Mitarbeiterkompetenz erhöhen	Ausgaben für Schulungen im Jahr pro Mitarbeiter	Neben des Bruttogehaltes jeden Mitarbeiters werden 10% dessen in Schulungen investiert	Implementierung von maßgeschneiderten Schulungsprogrammen durch Erhöhung des Fortbildungsbudgets

5 Unternehmensethik

5.1 Praxisbeispiel

Der Wolfsburger Autobauer und seine Konzerntochter Audi haben in den Jahren 2008 bis 2015 weltweit 11 Millionen Dieselmotoren manipuliert, um Abgaswerte zu schönen. 27 Milliarden Euro musste die Volkswagen (VW) AG bereits für die Bewältigung des Schadensfalls aufwenden.

Seit 2009 hat VW einen Computercode in die Software des Diesel-Fahrzeugs integriert, der erkennt, ob das Fahrzeug auf der Straße unterwegs ist oder in einem Teststand überprüft wird. „Bei der Abgas-Überprüfung schaltet der Computer eine Emissions-Kontrolle zu, der Ausstoß von Stickoxiden sinkt deutlich. Aber: die Effektivität des Emissionskontrollsystems dieser Fahrzeuge ist während normaler Fahrsituationen massiv reduziert" (Happel, Joho & Selwert, 2015). Im Normalbetrieb ist diese Kontrolle ausgeschaltet, jedoch sprengen die Stickoxid-Werte die Grenze um das 40-Fache. Dies fiel auf, als das Forschungsinstitut ICCT der University of West Virginia einen Vergleichstest durchführte und dort auf Ungereimtheiten stieß.

VW hat um das „Clean Diesel" Versprechen gelogen, um die Verkaufszahlen in Amerika zu erhöhen. Denn Diesel ist in den USA nicht beliebt, da Diesel als Traktor-Kraftstoff verrufen ist. Somit hat VW mit besonders niedrigen Schadstoff-Emissionen geworben. Als dieser Skandal am 18.05.2015 in der Öffentlichkeit bekanntgemacht wurde, reagierte VW zunächst mit Schweigen, danach folgte ein Geständnis.

5.2 Unternehmenswerte

Die Konzerngrundsätze der Volkswagen Group Essentials beschreibt VW als das Wertefundament des Konzerns und die Grundlage der gemeinsamen Unternehmenskultur. Folgende Unternehmenswerte können von der Internetseite der Volkswagen AG entnommen werden (Volkswagen, 2020):

1. **Verantwortung – Wir tragen Verantwortung für Umwelt und Gesellschaft**
Wir sind Teil der Gesellschaft. Wir übernehmen soziale Verantwortung. Wir achten auf die Umweltverträglichkeit unserer Produkte und Prozesse und verbessern sie. Jeden Tag.

2. **Aufrichtigkeit – Wir sind aufrichtig und sprechen an, was nicht in Ordnung ist**
Wir tun das Richtige aus innerer Überzeugung. Auch wenn keiner hinsieht. Wir haben keine Angst vor Hierarchien und sagen offen unsere Meinung. Wir hören einander zu und finden gemeinsam die beste Lösung.

3. **Mut – Wir wagen Neues**
Wir sind mutig. Innovativ. Erfinder. Macher. Wir lassen los und denken neu. Wir gestalten die Mobilität von morgen.

4. Vielfalt – Wir lieben Vielfalt

Wir sind bunt. Unterschiedlich. Einzigartig. Teil des Ganzen. Wir sind offen. Für andere Denkweisen. Für neue Erfahrungen und Lösungen. Wir begegnen uns mit Respekt. Auf Augenhöhe.

5. Stolz – Wir sind stolz auf die Ergebnisse unserer Arbeit

Wir stehen für nachhaltige Produkte und Qualität. Wir leisten einen wichtigen Beitrag zum Unternehmenserfolg. Mit Leidenschaft. Aus Überzeugung. Wirkungsvoll. Wir sind stolz auf das, was wir tun und wie wir es tun.

6. Zusammenhalt – Wir statt Ich

Wir arbeiten zusammen. Vorbehaltlos und unkompliziert. Weltweit. Wir sind Brückenbauer. Keine Schrankenwärter. Gemeinsam unschlagbar. Wir stehen füreinander ein. Wir sind ein Team.

7. Zuverlässigkeit - Wir halten Wort

Auf uns kann man sich verlassen. Wir tun was wir sagen. Und sagen was wir tun. Aufrichtig. Ehrlich. Was wir versprechen, das halten wir. Wir gewinnen verlorenes Vertrauen zurück.

5.3 Wertebruch

Es ist fraglich, ob die Unternehmenswerte seit 2015 angepasst oder verändert wurden. Denn gleich der erste Wert entspricht nicht dem, was in dem Skandal, der 2015 bekanntgemacht wurde, vorgefallen ist. Durch das Schönen der Dieselwerte wird der Unternehmenswert „Verantwortung für Umwelt und Gesellschaft" nicht erfüllt. Die Stickoxid-Werte, die das 40-Fache der angegebenen Stickoxid-Werte übertreffen, haben enorme Auswirkungen auf die Umwelt. Die soziale Verantwortung kann nicht übernommen werden, wenn die Werte geschönt wurden, nur um den Verkauf der Dieselautos in den USA anzukurbeln.

Auch die „Zuverlässigkeit" von Volkswagen wird durch den Skandal angezweifelt. Denn „Wir halten Worte" wurde durch den Skandal entkräftet. Nicht nur die Käufer der Dieselautos wurden in der Zuverlässigkeit enttäuscht, auch Banken, Versicherungen und Aktienfonds wurden betrogen.

Den beiden Wertebrüchen schlussfolgernd kann der Wert „Stolz" nun auch nicht mehr erfüllt werden. Denn durch den Betrug wird die versprochene Nachhaltigkeit nicht eingehalten.

Das Verschweigen des Betrugs über viele Jahre widerspricht der „Aufrichtigkeit". Über sechs Jahre wurde der Betrug geheim gehalten. Als der Betrug dann bekannt gemacht wurde, schwieg VW erstmals dazu. „Wir sind aufrichtig und sprechen an, was nicht in Ordnung ist" ist ebenfalls nicht VW wertekonform.

Insgesamt hat die VW AG während des Skandals, der absichtlich geheim gehalten wurde, nicht werte-konform gehandelt. Nach Aufdeckung des Betrugs und dem erstmaligen Schweigen hat die VW die Konsequenzen eingesehen und sieht den hohen Schaden ein, der verursacht wurde. Die VW AG möchte sich bei möglichst allen Beteiligten revanchieren.

5.4 Konsequenzen

Die Konsequenzen des Skandals sind vielseitig. Das nicht-wertekonforme Verhalten bedeutet für interne und externe Stakeholder Einbußen. Externe Stakeholder wie beispielsweise der Kapitalmarkt wurde sehr geschwächt. Zum Kapitalmarkt gehören Investoren, Aktionäre, Banken und Finanzanalysten. Die Aktionäre hat dieser Skandal viel Geld gekostet, denn unmittelbar nach der Aufdeckung des Abgasbetrugs fiel der Kurs der VW Aktie ein. Durch den Abgasskandal verlor die VW Aktie an der Frankfurter Börse erheblich an Wert. Bis zu 21% verlor die VW Aktie, was den DAX einen Verlust von 0,5% kostete (n-tv, 2019). Durch den Einsturz wollten Aktionäre die Verluste von VW erstattet bekommen, da die Aktionäre der Meinung waren, VW hätte deutlich früher über den Betrug aufklären müssen.

Weiterhin klagten die US-Behörden. Diese zählen ebenfalls als externe Stakeholder. Die US-Behörden klagen aufgrund der Manipulation an Dieselautos, Tricksereien und Täuschung in der Aufarbeitung der Affäre. „VW drohen 45 Milliarden Dollar Strafe plus eine möglicherweise milliardenschwere Zahlung im Ermessen des Gerichts" so das Handelsblatt (2016). Jedoch äußert VW sich diesbezüglich nicht zu den laufenden Verfahren.

Das Unternehmen selber spürt ebenfalls die Folgen des Abgasskandals. Unter den internen Stakeholdern zählen die Mitarbeiter. Den Mitarbeitern, die an dem Skandal beteiligt waren, drohte eine fristlose Entlassung. 49 Ingenieure sollen in die Abgas-Affäre verwickelt sein. Jedoch sah VW bis 2018 von der fristlosen Entlassung ab (Handelsblatt, 2018).

Die Führungskräfte von VW wurden aufgrund des Skandals ebenfalls angeklagt. Auch wenn der aktuelle VW-Chef Herbert Diess und der Aufsichtsrat-Chef Hans Dieter Pötsch während des Skandals nichts von dem Vorgehen gewusst haben, tragen sie die Verantwortung für die Konsequenzen. Nach zahlreichen Anklagen, zahlt VW nun jeweils 4,5 Millionen Euro, damit die Anklage der beiden genannten Chefs eingestellt wird. Die beiden sollen angeblich zu spät über das Vorgehen informiert worden sein. Der Ex-Vorstandsvorsitzende und Ex-Konzernchef von VW Martin Winterkorn muss jedoch bangen. Er steht wegen Marktmanipulation vor Gericht, da er die Abgas-Manipulation an Motoren der Dieselautos in den USA einräumte (Merkur, 2019).

6 Literaturverzeichnis

Bamberger, I. & Wrona, T. (2012b). *Strategische Unternehmensführung. Strategien, Systeme, Methoden, Prozesse* (Vahlens Handbücher der Wirtschafts- und Sozialwissenschaften, 2. Aufl.). Stuttgart: Schäffer-Poeschel.

Bundesverband Medizintechnologie. (2020). BVMed-Jahresbericht 2019/20.

Deutschlandfunk. (2018). Ein technischer Jahrhundertbetrug. Zugriff am: 07.05.2020. Verfügbar unter: https://www.deutschlandfunk.de/drei-jahre-dieselskandal-ein-technischer-jahrhundertbetrug.724.de.html?dram:article_id=428346

Haake, K. & Seiler, W. (2012*). Strategie-Workshop. In fünf Schritten zur erfolgreichen Unternehmensstrategie.* (2., überarb. und aktual. Aufl.). Stuttgart: Schäffer-Poeschel.

Handelsblatt. (2016). VW wäscht sich selbst rein. *Handelsblatt.*

Handelsblatt. (2018). Abgas-Affäre könnte mehrere VW-Mitarbeiter den Job kosten. *Handelsblatt.*

Happel, S., Joho, K. & Seiwert, M. (2015). Experte befürchtet dreistellige Milliarden strafe. *Wirtschaftswoche.*

Kotter, J. P. (1996). *Leading change.* Boston: Harvard Business School Press.

Kotter, J. P. (1997). *Chaos, Wandel, Führung: Leading Change.* Düsseldorf: Econ-Verlag.

Lauer, T. (2014). Change Management. Grundlagen und Erfolgsfaktoren. (2. Aufl.). Ber lin Heidelberg: Springer Verlag.

Merkur. (2019). VW zahlt für Chef: Zwei Konzern-Größen kommen nicht vor Gericht – Winterkorn muss bangen. Zugriff am 07.06.2020. Verfügbar unter: https://www.merkur.de/wirtschaft/vw-anklage-gegen-volkswagen-spitze-wegen-marktmanipulation-vw-reagiert-zr-13034389.html

Reisinger, S., Gattringer, R. & Strehl, F. (2013). *Strategisches Management. Grundlagen für Studium und Praxis.* München: Pearson.

Raps, A. (2004). *Erfolgsfaktoren der Straetgieimplementierung. Konzeption und Instrumente* (2. aktualisierte Auflage). Wiesbaden: Schäffer-Poeschel.

Volkswagen (2020). Das Wertefundament des Konzerns. Zugriff am 24.05.2020. Verfügbar unter: https://www.volkswagenag.com/de/group/volkswagen-group-essentials.html#

zeit.de. (2016). Zugriff am 07.06.2020. Verfügbar unter: http://www.zeit.de/wirtschaft/2015-09/volkswagen-vw-abgase-diesel-usa-verkauf-stopp

Welge, M. K. & Al-Laham, A. (2012). *Strategisches management. Grundlagen – prozess-implementierung*. Gabler.

7 Abbildungs- und Tabellenverzeichnis

7.1 Abbildungsverzeichnis

7.2 Tabellenverzeichnis